SENTIMIENTOS

RENACIDOS

JOSE RUBIRA LOPEZ

3

TEXTOS:

José Rubira López

FOTOGRAFIA:

José Rubira López

Jorge Rubira Santos

Roberto Rubira Santos

Eduardo José Rubira Marías

2012

1ª EDICION

ISBN: 978-84-686-0613-2

ISBN ebook : 978-84-686-0614-9

IMPRESO EN ESPAÑA

Prólogo

Palabras perdidas en mi alma temblorosa,
Acumuladas Estaban.
Jardines del interior que mi mano aprisionó
Hallarás.
Deleite que procura
darte calma, mover esperanzas ….
encontrar en tus ojos dulcísimo acomodo.
Sin pensarlo, sin quererlo,
por casualidad,
todo esto ha sido liberado.

INDICE

INDICE

INDICE

Siempre Juntos

Busca Adivinar lo que en sus ojos hay

y no puede.

Busca Encontrar ese

" QUIZAS "

(una caricia, un beso, un abrazo....)

de exquisito aroma que perfuma

los Recuerdos.

Busca el sonido de su voz

que Reviva,

que Alborote

la manta escalofriante del Silencio.

¡¡ El Silencio de la Noche !!

Sin Tregua

Un momento,
un segundo más,
van pasando por mi mente
instantes sin palabras
que me quieren decir,
que me quieren hablar,
haciendo compañía en la mañana
a la soledad y a mi.
Así camino por la vida,
si me detengo muero.

Sombría Noche

El Silencio
susurra al oído sonidos de voz,
sonidos de voz
que con nosotros van
y
hacia él nos lleva,
en Tenues Miradas
y
Palabras de Seda.
¡¡ El Silencio tiene su Esencia,
Esencia por Descubrir,
Perfume para VIVIR !!

Sueños

Olvido imposible
de un paseo, de un abrazo,
de un beso en el silencio ofrecido
al desvanecerse el sol,
al nacer las estrellas.
Olvido imposible
en el bostezo de la noche,
en las horas que todo es posible,
donde llamas y no contestan,
donde buscas y no encuentras.
Olvido imposible
que sin cesar te guía,
hacia el alba te lleva.

Encuentros

Emociones Fuertes en el Paraíso,

al venir y al ir,

convertidas en Abrazos largos, cortos,

mojados, secos, horizontales

y

todos los " Demás ".

Emociones Fuertes en el Paraíso

donde

segundos, minutos, horas....

no se hacen Eternas.

¡¡¡ Velozmente Pasan !!!

Quiero un Okupa

Entre Sueños Inquietos,

Abrigado con los Recuerdos

abriendo

una ventana estoy,

una ventana

sin Alféizar, sin Marco, sin Cristal,

sólo

es un hueco abierto

de par en par,

para que Pases,

para que Entres

sin necesidad de Llamar.

El Mejor Regalo

Gracias,
Gracias una y mil veces Gracias,
por darle Vida a un Corazón.
Ayer latía Tristemente,
Hoy late, lleno de Emoción.
Seguirá sembrando Recuerdos.
¡¡¡ SI !!!.
Seguirá siendo el mismo
de Sueños Alados.
Ayer, cristal empañado lo cubría
Hoy, caminando va a la …

Diariamente

Cofre de mil Recuerdos
TENGO.
Revivo con Grandeza,
con Corazón.
Lluvia de Ilusiones
del pasado
que me hacen Temblar
en
Emociones recuperadas vienen,
a mí llegan,
para usar a diario,
¡¡ Para ocultar la obscuridad !!

Hoy como Ayer

Color a las Mejillas,
Sentimientos a mis besos,
Luz a todas Alegrías,
Paz en sueños hay
y
Adentros inundados
de
Emociones renovadas.
Sabores al Anochecer,
Sabores deseando el Amanecer,
Sabores sin saber
si se VIVEN o se RECUERDAN.

Amor X 2

Piel con Piel,
Abrázame, Bésame, Acaríciame
se dicen.
Piel con Piel se reflejan
en
Pupilas cristalinas,
Pupilas llenas de Palabras,
Pupilas que expresan
lo que los labios son incapaces,
no pueden pronunciar,
rebosados,
llenos de Besos están.

22

Pinceladas

Cambiemos el color de la Vida
haciendo surcos en el Tiempo,
olvidemos las sombras,
dejemos atrás los Recuerdos,
Recuerdos
de malos Momentos.
Hagamos realidad
la Vida es Sueño,
alegrando
el momento en que
reina el Silencio.

Deseado, Ansiado

Sueña

con la Ilusión de la cercanía,

Imagina

(el mejor regalo),

Mis Manos en un Abrazo.

La Piel abrasada

con dulce mirada.

Unidos,

a la Huella imborrable

de mi Fragancia

y

labios que buscan

atajos de un Corazón.

Luceros Fugaces

Locura de saber de tus ojos,

que furtivamente,

intento

capturarlos con los míos,

Al soñar,

iluminan el cielo oscuro.

Al Amar,

¡¡ Es porque están Vivos !!

Los sueños vienen de ti

y

de mí el Amor aflora.

Sutil Aroma

Sueños, Recuerdos

¿ Salen de mí,

o

Vienen a mi Silencio ?

¿ Por qué mi constancia exigen

cada Anochecer

hasta el Amanecer ?

¡¡Si los Quiero Vivir sin medir el Tiempo!!

en este Universo,

¡¡¡ A SOLAS !!!

Llenando el vacío de cada instante,

de cada momento.

Rumor de Alivio

Tantas emociones silenciadas.
Tantos sentimientos amordazados,
que mi boca
casi no puede expresar.
De mis labios solo salen
palabras hechas suspiros,
susurran entre los tuyos
"2 PALABRAS"
que alivian el corazón.
¡¡Ay Amor!!
¡¡Te Quiero!!
¡¡Mi Vida!!
¡¡Mi Tesoro!!

Cuento de Hadas

Dulces trinos invaden la noche,

suena una hermosa canción.

Habla de Amor,

de Princesas y Ranas,

de Sueños

que deslumbran al amanecer

con Fuego en la piel.

Hacen de nana y compañía

pues,

la noche llena está

de Añoranzas y Melancolía.

Dulces trinos bajo la luz del alba,

¡¡ AHORA !!,

son los sueños que los recuerdos mueven,

despertando una piel dormida

empapada de sensaciones,

iluminando

¡¡ Momentos de la noche,

parte de mi Amanecer !!

Aliento de Lucha

Miedo hay en el Silencio,

mas aún

sentir el Olvido,

entonces,

cantemos al Amor.

¡NO al Amor de la carne

que

busca su raíz en un Suspiro!.

¡SÍ al Amor que anula la voluntad

y

su esencia es una obsesión!.

A ese Amor,

que llega en un momento,

al lugar preciso:

" EL PENSAMIENTO "

construyendo una imagen de esperanza.

Un Amor,

que da vida

a unos ojos que Iluminan

y

a un Corazón que palpita

Diluvio

Dulces momentos, coloreadas sonrisas,

suaves caricias,

¡¡ SÍ !!

Pensamientos en mí han llovido,

tras ellos,

(como en las tormentas)

un Arco Iris florecerá .

Iluminados por un Recuerdo

brotarán dulces sueños,

rodeando mi alma

y

mi cuerpo lleno de Deseos.

Noche en Llamas

El Sueño de mi Recuerdo.

EL Recuerdo de mi Sueño.

¿ Sueño o Recuerdo?

Va rodando por el Pensamiento,

atravesando

Neuronas, Venas, Arterias,

y exhausto llega

gimiendo al Corazón.

Todos Sentidos quieren verlo,

palabras mudas quieren decirle,

sentimientos corren detrás de él .

El Sueño de mi Recuerdo.

El Recuerdo de mi Sueño.

A la noche,

los confines de mi Mente

va anegando

sin rumor, sin palabras,

con deseos logra su consuelo.

El Sueño de mi Recuerdo.

El Recuerdo de mi Sueño.

Esperan

su lugar y su tiempo.

Palabras

Palabras hechas de la nada,

para

rechazar la melancolía

de un asombroso mañana.

Palabras hechas,

desde la ansiedad de mis manos,

para que sus posos apacigüen

la sombra de la noche,

para soñar en ellas,

para en corazones posar.

No pretendo que otros dones tengan

en este vivir,

que un Amor Liberar

Felicitación

Desnuda te besa la noche
con dulces labios de mil ensueños,
así,
con Caricias de Pétalos
al Alba te llevará,
despertando
el volcán de tu Corazón,
para sentir
latidos pausados o acelerados,
¡¡Que más da!!.
Bálsamo, Manantial de vida
para este día de Felicidad.

Vida de ida y vuelta

Días distintos y a la vez iguales,

ávidos

de vivir y ser vividos,

donde

las Ilusiones

son devueltas en tormentos,

donde

ofrecemos el Alma,

nos responden solo los cuerpos,

donde

las inquietudes del día,

en la noche

Soledad se llama la compañía.

Manantial

Palabras sinceras, amables, serenas,
en la pálida luz de la mañana
contagien
sueños de noches,
ilusiones de días.
Palabras que coronen de luz
el brillo a unos ojos,
(en la ausencia del sonido,
en la búsqueda
del camino que se deja atrás)
estremeciendo
la realidad, el momento.
¡¡ Un Recuerdo en Mí …..!!

A todas horas

Me dejo arrastrar por el deseo,
(lo dejo florecer)
del que quedo inundado,
dentro de mi mundo soñado
(pero real).
Es tan real que acaricia
esta ausencia,
que me trae
los bienes más preciados,
las presencias más amadas.
Pensamiento del ayer, pensamiento de hoy,
pensamiento que sea lo que ahora es.

Éxtasis

Mi Pensamiento es un Poema,
Poesía
para tu " Pensamiento ".
Desnudo está,
dilatando con Caricias los Sueños,
Sueños de Terciopelo
en la obscuridad de la noche,
que me sacan de este
Mundo Consciente,
huyendo de la Realidad,
prisionero del " Deseo ".

Obscuridad

Por el sendero sombrío de mi vida,
voy caminando,
voy tropezando,
con cadenas que imponiendo da la vida.
Cadenas que quitan el aire,
que van asfixiando,
cadenas que envuelven la melancolía
de mis tristezas y alegrías,
cadenas de sueños huidos
o tal vez
son los olvidos.

Despierta la mañana

Después de noches solitarias,

en las mañanas radiantes

un "Petit-Déjeuner"

que arrebate los sentidos,

que sea

misterioso, errante y perdido.

Un "Petit-Déjeuner"

inventado por mí,

que acaricie tu boca

con

besos de una pasión ardiente y loca.

Celebración

Final de año.

Días de felicitación.

Sonarán las campanas con luz de estrellas,

compartirás anhelos, ilusiones,

todo deseado,

un nuevo año renacerá.

Sonará también el crujir del cristal

en las copas al brindar,

pidiendo deseos que se cumplan,

difíciles de olvidar.

Brindis míos, sencillos,

son deseos de Felicidad.

FELIZ AÑO NUEVO – FELIZ NAVIDAD.

Un Día al año

Un Día naciste

tal Día como Hoy.

Alegraste el entorno

como lo haces Hoy.

Palabras de Alegría

en

Deseados Deseos

para

este Hermoso Día.

FELIZ CUMPLEAÑOS

Luce la obscuridad

En el Silencio de la noche

arden los Recuerdos,

palabras dichas, caricias y besos.

En el Silencio de la noche

sueños de Fuego,

momentos del pasado

deseándolos de nuevo.

En el Silencio de la noche

no suenan las palabras,

me refugio en los Recuerdos,

(con ellos)

¡¡ Dulces Sueños !!

48

Después de....

Vida llena de temores

de fracasos y errores.

Con Miedo,

Miedo a Querer

(al conocer).

Miedo a Poseer

(a fracasar).

Miedo a perder

(al tener).

Miedo a olvidar

(momentos quitar).

Miedo a convertir Felicidad en Agonía.

Días Sublimes

Belleza hay en la vida,
en la unión, en el desamor.
Belleza es cuando vienes,
cuando dices "Hola"
también,
cuando expresas "Adiós".
Belleza son los Recuerdos
(reflejos en mi mente)
de momentos bellos.
Belleza hay en el tren del destino,
que cruzó nuestra vida,
ofreciéndonos Cariño.

Nocturnidad

Sueños que lucen,

gente que quiere soñar

y

otros que no dejan de soñar.

¡¡ Empieza el Sueño !!

Silencio en demasía

con pensamientos que te hacen vibrar.

Pasan las horas

y

otra vez la Realidad.

Naturaleza Viva

Viene la Primavera,

llega Abril, llega una Ilusión.

Reverdecen las plantas,

florecen las flores, cantan las aves,

es el Colorido del Amor.

¿ Acaso Somos Distintos ?

¿ No necesitamos perfume de un cabello,

sonido de una voz,

suave aroma de los poros de la piel

y

cada día ser

el destino de un Corazón ?

Miel en los Labios

Furtivos caminan en el Silencio
a unos Labios,
uniendo, juntando, ofreciendo un Amor.
Furtivos caminan en el Silencio,
rastro de un mirada hecha suspiro,
contemplando un cuerpo
codiciado, prohibido.
Furtivos caminan en el silencio,
andan buscando, añorando van,
en la inmensidad del tiempo
unos segundos fugaces,
Luz y Fuego para acabar el día,
para otro Empezar.

54

Deliciosa Compañía

Cada Noche es mi Amanecer,

un Amanecer delirante,

donde,

las Caricias, los Besos y Emociones

a mi lado están.

Donde,

tu sonrisa es luz de mi día,

tu palabra es susurro de mi silencio.

Tu imagen, tu presencia,

tu Recuerdo

que en mi mente aparecía,

sin estar presente, sin poder verte,

el final de la monotonía.

Informe Saludable

Locura en la Mente,

gracias a un Recuerdo un sueño viene.

A la demencia me lleva

en los días, en las noches,

por la ausencia de unos labios que saludan,

unos brazos que arropan,

unos ojos de dulce mirada.

Locura en la Mente

de un Recuerdo intangible

que nunca se va a borrar.

Nunca se Irá.

¡¡ Recuerdo de Ti !!

Conversación Muda

Tus ojos hablan conmigo.
¡¡ Los Siento !!.
Siento el encanto de tu mirada,
resplandor de las estrellas
en esta madrugada.
Maravilla que crece en el Silencio
si le damos Silencio,
iluminando con mágicos destellos,
(destellos de Sol, Agua, fuego)
silencios callados,
callados momentos.
¡¡ Así los Siento !!

Entre la Niebla

Si una noche obscura sientes tu Alma,

¡¡ Arrópala !!

entre recuerdos un sueño soy.

Si una noche obscura una Ilusión persigues,

Déjala llegar,

que llene el vacío de la obscuridad.

Si una noche obscura

nubes de color despuntan,

son esperanzas.

¡¡ Quizás la Realidad !!

Todo Dulzura

Cierro los ojos despacio,

soy un soñador errante,

pues deseo, te ansío Recuerdo Mío.

Cierro los ojos en el silencio,

en la sombra y el espacio frío,

para tomar respiro y pensar,

recostado en el Recuerdo Mío.

Cierro los ojos,

acto seguido los vuelvo a abrir,

esperanzas resucito,

parte son de mi Recuerdo,

parte del Recuerdo Mío.

Esto me Suena

Buscando en lo diario,

buscando en lo cotidiano,

algo más que un instante,

ese momento constante,

esa huella imborrable

del

suspiro de un verso,

que alegra los momentos,

caminando en el tiempo,

viviendo con el silencio.

¡¡ Un Sueño Amado !!

Utopía de la Realidad

Soñar,

(para mí)

única forma de Amar,

única forma de sentir el vivir,

deseos de la realidad.

Sueño para crear aquello que el tiempo

la realidad niega.

¿ Verdad o Mentira ?

¿ Sueño o Realidad ?

¡¡ Que más da !!

Pretexto para Recordar,

Pretexto para ir viviendo sin vivir,

Un Pretexto para ser Feliz.

Siento tu Ausencia

¡¡ No hay palabras !!

No hay palabras que llenen

esta soledad inmensa.

¡¡ Sólo !!

Recuerdos apacibles, apetecibles,

deparando profundos sueños,

acercando la distancia.

Recuerdos que,

(otra vez)

en ellos estás con llanto silencioso,

consiguiendo lágrimas derramar,

y grito :

¡¡ Necesito Más !!

Remiendos de Vivir

Eternidad del Silencio.

Eternidad de las Horas.

Si Soledad es,

Silencio Duro,

Horas Largas.

Eternidad del Silencio.

Eternidad del Tiempo.

Si Deseado,

Silencio Soñado,

Tiempo Acelerado.

Aire nuevo en la eternidad anhelada,

momentos deseados de articuladas palabras.

Por la Distancia

No sientas cansancio,

mi mano te ofrezco

para

apoyar tu fatiga.

No sientas cansancio

cuando quieras buscarme,

por dolores de la vida.

Si un Recuerdo, una palabra,

una poesía queda,

no sientas cansancio,

sigue este camino, Vida Mía.

Prisionero

Con su esencia despiertan,

momentos aparcados de tardes de verano.

Divinos Tesoros de un Amor sucedido.

Tardes con Vida.

Vida con Sueños.

Con su esencia despiertan

lo vedado, lo reprimido.

Rebosan los adentros

(donde están ahora)

de

Tardes de Vida.

Vida con Sueños.

Reanimación

¿ Soplo Alterno será ? ¡ No !

¡ Soplo continuo es !

Cada momento especial

que intenta, que quiere,

las horas no puedan avanzar.

¿ Soplo Alterno es ? ¡ No !

Soplo continuo será

el soñar recordando todos días,

muchos años,

ese tiempo breve,

esos segundos vividos.

Soplo continuo - es, será -que vida da.

Oasis

Era suave, Era tierna, Era clara,

una mañana que al amanecer

Despuntaba.

Atrás dejaba la luz serena,

claridad absoluta,

redonda transparencia de anhelos crecientes,

de noche sin calma.

Al calor de la luna,

boca sedienta de unos labios era,

pues,

un beso ser quería.

Era suave, Era tierna, Era clara

Una mañana que despuntaba.

Amargo...Dulce

Tiempo pasado ¡Oh! Divina Vida,
donde moría de angustia.
Me golpeaste, Deseada Vida,
me llenaste de fatiga.
Todo eran sombras misteriosas
que ni sueñan, ni esperan.
¡Oh! Divina Vida, ¡Oh! Deseada Vida.
En tus manos suelto esta
encrucijada,
quiero recobrar el aliento,
el camino que lleva al desvarío
de un Corazón Vencido.

Preludio de Versos

Deleitaba la fantasía el recorrido de la noche.

Era Silencio Todo.

Miraba arriba, en aquella noche divina,

bálsamo de calma, miraba al cielo.

El murmullo del sueño una llama encendía,

cautivando

presencias que los sueños disfrutaban.

Caminaba calladamente,

¡¡ Amar sabía !!

andaba con su verdad en el Silencio todo,

Verdad Sabida.

Epílogo

Inspiración inagotable tuviera,

como agua del río, como olas del mar,

generoso caudal de palabras

que mi mente custodia.

Inspiración culpable

de esta hermosa sensación,

horas escribiendo con el calor

que mis manos atesoran,

al Silencio, al Recuerdo.

¡¡ Al Amor !!

Están en mi memoria, están en mi carne.

Inspiración Inagotable Tuviera.